中国少年儿童科学普及阅读文库

探索·科学百科™ 中阶

古代城市

3级C3

[澳]路易丝·帕克⊙著

谢恩平(学乐·译言)⊙译

Discovery

EDUCATION™

全国优秀出版社
全国百佳图书出版单位

广东教育出版社

广东省版权局著作权合同登记号
图字：19-2011-097号

本书原由 Weldon Owen Pty Ltd 以书名 *DISCOVERY EDUCATION SERIES · Ancient Cities*（ISBN 978-1-74252-195-4）出版，经由北京学乐图书有限公司取得中文简体字版权，授权广东教育出版社仅在中国内地出版发行。

图书在版编目（CIP）数据

Discovery Education探索·科学百科. 中阶. 3级. C3，古代城市/[澳]路易丝·帕克著；谢恩平（学乐·译言）译. —广州：广东教育出版社, 2014.1

（中国少年儿童科学普及阅读文库）

ISBN 978-7-5406-9365-7

Ⅰ.①D… Ⅱ.①路… ②谢… Ⅲ.①科学知识—科普读物 ②城市史—世界—古代—少儿读物 Ⅳ.①Z228.1 ②K915-49

中国版本图书馆 CIP 数据核字(2012)第162461号

Discovery Education探索·科学百科（中阶）
3级C3 古代城市

著 [澳]路易丝·帕克　　译 谢恩平（学乐·译言）

责任编辑 张宏宇　李　玲　丘雪莹　　助理编辑 王　澍　于银丽　　装帧设计 李开福　袁　尹

出版 广东教育出版社
　　地址：广州市环市东路472号12—15楼　　邮编：510075　网址：http://www.gjs.cn
经销 广东新华发行集团股份有限公司　　　　印刷 北京顺诚彩色印刷有限公司
开本 170毫米×220毫米　16开　　　　　　印张 2　　字数 25.5千字
版次 2016年5月第1版　第2次印刷　　　　装别 平装

ISBN 978-7-5406-9365-7　　定价 8.00元

内容及质量服务 广东教育出版社 北京综合出版中心
　　　　电话 010-68910906 68910806　　网址 http://www.scholarjoy.com
质量监督电话 010-68910906 020-87613102　　购书咨询电话 020-87621848 010-68910906

Discovery Education 探索·科学百科（中阶）

3级C3 古代城市

全国优秀出版社
全国百佳图书出版单位
广东教育出版社

目录 | Contents

城市的起源

最早的人类文明，或者说基于城市的文化体系，约形成于 5 500 年前。其中，最古老的文明产生于今伊拉克境内的两河平原。该地区属于冲积平原，是著名的"新月沃土"的一部分。新月沃土从波斯湾北端一路延伸至埃及的尼罗河畔，孕育了许多古老的城市。

对古代城市来说，若想繁荣，就需要邻近水源和其他自然资源。为了与其他地区通商，它们还需要靠近海港、陆地商道或河流。

北美洲

大西洋

奇琴伊察

特奥蒂瓦坎

南美洲

库斯科

发掘过去

考古学家通过发掘文物以及考察遗址的周边环境来研究古城。他们通过研究遗留至今的建筑、手工艺品、工具、珠宝、陶器甚至人体遗骸，来记录历史。

陶器

克诺索斯是克里特岛上最大的青铜器时代遗址。考古学家在这里发现了该陶罐。

城市遗址

位于约旦安曼的古罗马式建筑的遗址深受各国旅行者和考古学家的欢迎。

新月沃土

著名的"新月沃土"孕育了多个古城文明。这片弧形区域囊括了埃及尼罗河流域以及美索不达米亚平原的幼发拉底河和底格里斯河流域。

"文明"（civilization）一词来源于拉丁文"civitas"，意为"城市"。

欧洲

亚洲

雅典

克诺索斯

佩特拉 乌尔

摩亨佐·达罗

长安

太平洋

廷巴克图

非洲

吴哥

印度洋

大洋洲

共同特征

　　古城遍布欧洲、非洲、亚洲、中美洲及南美洲。其社会根据职业划分为若干个阶级，如手工艺者、士兵、商人、祭司、农民和统治阶级。这些阶级拥有共同的宗教信仰，且均须遵守城市的律法。

安纳托利亚

里海

新月沃土

美索不达米亚

底格里斯河

幼发拉底河

地中海

叙利亚沙漠

苏美尔

埃及

佩特拉

乌尔

尼罗河

波斯湾

红海

乌尔
伊拉克：新月沃土

乌尔位于美索不达米亚平原南部幼发拉底河注入波斯湾的入海口附近，是苏美尔人定居的众多小城之一。公元前 2100 年，乌尔成为美索不达米亚最重要的城市。一些考古学家认为，鼎盛时期的乌尔是当时世界上最大的城市，拥有 3 万至 6.5 万人口。

随着城市的发展，乌尔国王成为整个苏美尔王国的统治者。国王和王后的陵墓富丽堂皇，内藏许多珍宝。城市还建有雄伟的神庙和纪念碑。

楔（xiē）形文字

楔形文字是非常完善的早期文字系统。它由抽象的楔形符号构成。人们用芦苇笔把这些楔形文字刻在黏土制作的泥版上，然后烘烤泥版，或任其自然风干。

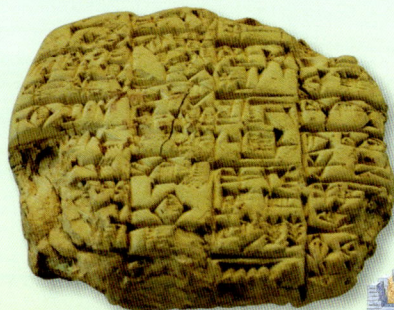

献给神的雕像

乌尔人信奉多神教。他们修建神庙来供奉神灵。这一座拜神者雕像发现于其中的一个神庙内。

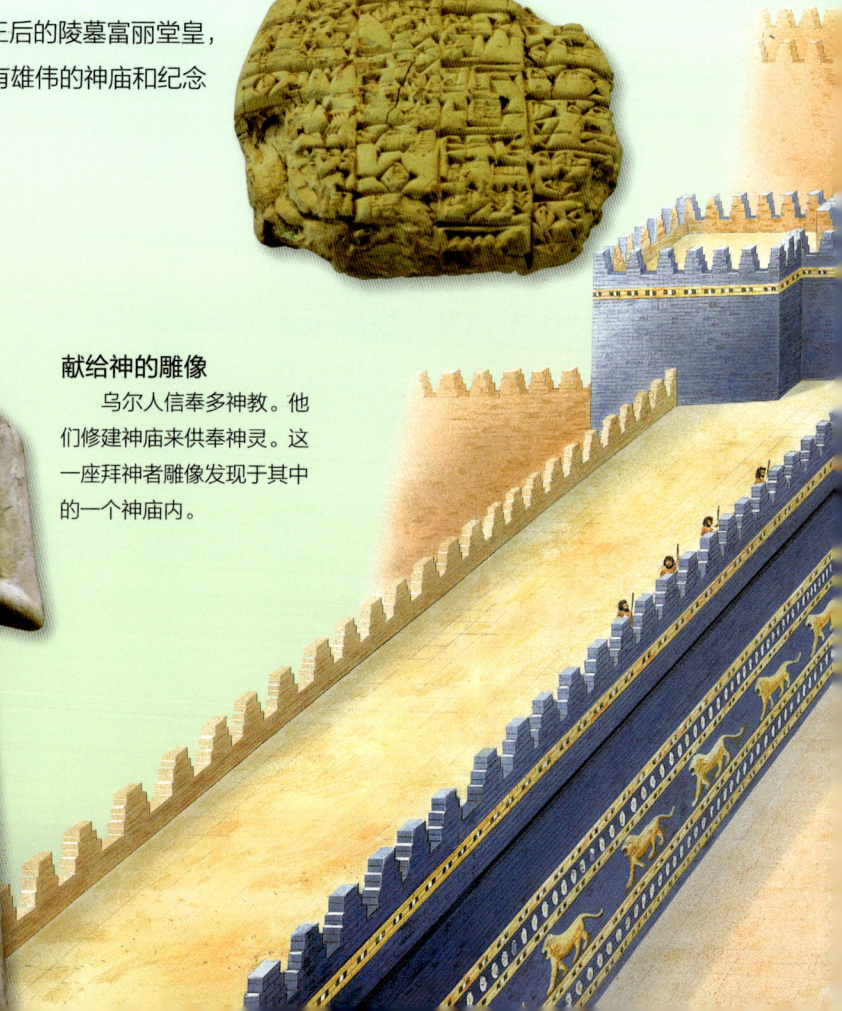

巴比伦

古巴比伦是美索不达米亚最发达的城邦之一。古巴比伦人创建了经济学、天文学、医学、农业、数学和哲学的雏形。他们的计时系统是 60 秒为 1 分钟，60 分为 1 小时，这一系统一直沿用至今。

拱门

拱门的发明使得美索不达米亚人能够修建更为雄伟壮观的建筑。

釉（yòu）面砖

巴比伦人在烧制砖块前，给砖涂上一层胶，使得砖的表面色泽鲜艳，闪闪发光。

宗教象征

在墙砖的制造过程中，美索不达米亚的众神被刻画在砖块上。它们保卫着城市，同时也供人们膜拜。

摩亨佐·达罗
巴基斯坦：印度河谷

人类在印度次大陆第一次尝试修建城市是在印度河谷。这个河谷有一条美丽的河，年降水量适宜，自然条件很适合农作物生长，也促成了像摩亨佐·达罗这样的城市的兴盛繁荣。

修建于公元前 2500 年的摩亨佐·达罗，街道规划有序，街边矗立着大型公共建筑和工匠住所，所有建筑用砖均用燃烧木柴的烤箱烧制。大约有 4 万人口住在这个城市里，各家各户都有配备了拥有下水道和上水管的浴室。

印度河谷的居民首创了用棉花织布这一纺织技术。他们拥有自己的象形文字和度量衡。摩亨佐·达罗城的遗址于 20 世纪 20 年代在今巴基斯坦境内被发现。

技艺精湛

印度河谷的居民是能工巧匠。他们用青铜制成刀、碗和武器。他们还制造了玩具，比如这个装有轮子的动物玩偶。

祭司王

考古学家于 1927 年发掘出这座雕像，把它命名为"祭司王"。它被认为是一个统治者或祭司的雕像。

公共浴池

发掘于 20 世纪 20 年代的摩亨佐·达罗大浴池，占地 83 平方米，是世界上最早的公用蓄水建筑。水从一口大水井中引入，并经由一个大排水管排干。

便捷入口

顺着南北两端宽敞的木质楼梯可以方便地进入水池。

洗浴仪式

水池深约3米，长约12米。历史学家认为这一建筑是用来让信徒们净化身心，带来福祉的。

滴水不漏

严丝合缝的泥砖上覆盖有一层类似沥青的物质，确保浴池不漏水。

温度调节

木质屋顶反射太阳光，保持浴室凉爽。

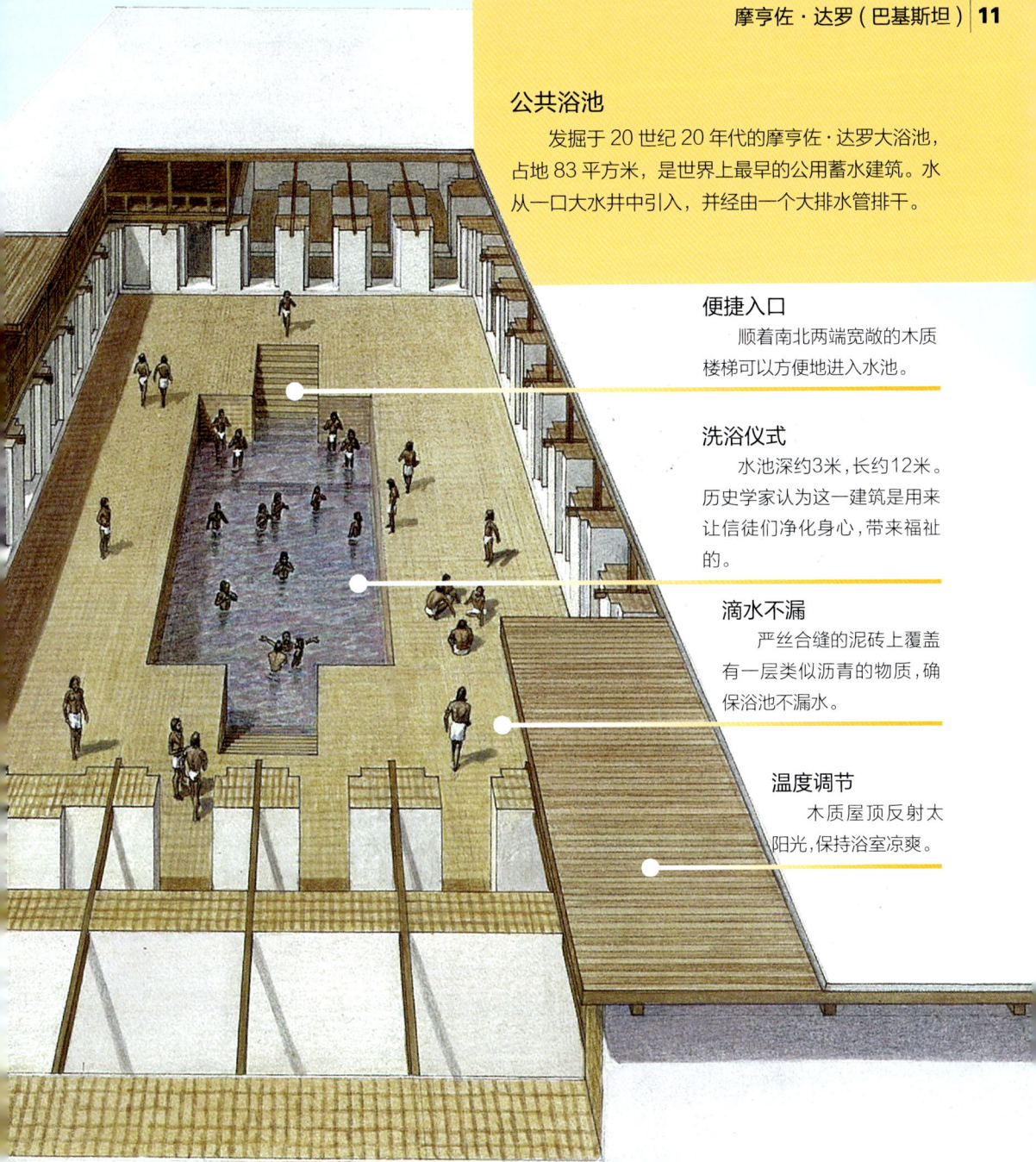

克诺索斯

希腊：克里特岛的米诺斯

希腊半岛靠近新月沃土，自公元前约 2500 年起，这里就是米诺斯人的家园。古希腊的米诺斯文明于公元前 2200 年至公元前 1450 年间达到鼎盛，人们精心设计和修建的城市都以一座王宫建筑为中心。

克诺索斯是米诺斯最大的城市之一，其宫殿遗址于 100 多年前被发掘。这座宫殿就是众所周知的"克诺索斯迷宫"，它有一个宽阔的中央广场，广场四周连接着数不胜数的工作间、储藏间和起居室等，共计 1 000 多个房间。克诺索斯靠近古城伊拉克利翁，被认为是米诺斯文明的宗教和政治文化中心。

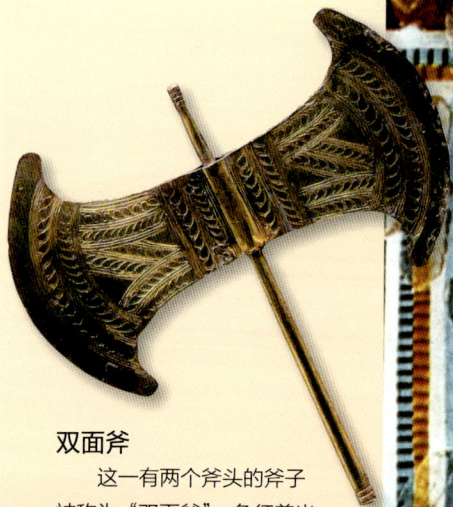

双面斧

这一有两个斧头的斧子被称为"双面斧"，象征着米诺斯文化中的女神。双面斧的图案在克诺索斯王宫中随处可见。

遗址重建

阿瑟·埃文斯爵士（Sir Arthur Evans）是一个英国考古学家。他在发掘并买下克诺索斯宫殿遗址后，组织了一个团队对宫殿进行重建和修复。重建所用的材料并非都是出土的原始文物，许多壁画仅是根据残留下来的一块小小的艺术品碎片创作而成的。

未经重建的遗址

为保存其历史特征，克诺索斯城的大部分遗址仍保留原貌。有学者认为，阿瑟·埃文斯重建遗址时，添加了现代的东西，对遗址造成了破坏。

壁画

克诺索斯王宫中装饰有描绘宫廷生活的壁画。其中，最著名的便是这幅斗牛士图，描绘一个男人在一头公牛背上翻筋斗。

你知道吗?

米诺斯文明由阿瑟·埃文斯爵士根据生活在克里特岛上的米诺斯国王命名。我们并不知道米诺斯人如何称呼他们自己。

雅典
希腊：众神的遗址

鼎 盛时期的雅典拥有5万至10万人口，是所有古希腊城邦中最强大的一个。作为民主制度的发源地，许多人认为雅典是西方文明摇篮的中心。

雅典依靠丰富的自然资源及发达的贸易体系、农业和手工业，积累了大量的财富。它投资兴办教育，让哲学、文学、建筑学、数学和民主制度得以开创和发展。哲学家苏格拉底、剧作家索福克勒斯、政治家地米斯托克利都是雅典人。

帕特农神庙

建成于公元前437年的帕特农神庙矗立在一座小山上，俯视着整个雅典城。它建在被波斯人入侵所摧毁的神庙废墟之上。帕特农神庙供奉着女神雅典娜，她被视为雅典的保护神。

女神雅典娜

女神雅典娜的雕像矗立在其中的一个殿堂内。

旅游胜地

矗立在当代雅典的帕特农神庙，是这座古老城邦的一个纪念碑。部分神殿已经得到修复，但大部分建筑仍以写满沧桑、劫难的原貌巍然屹立在那里。

希腊柱

多立克柱式、爱奥尼柱式、科林斯柱式是古希腊建筑通常使用的几种石柱样式。帕特农神庙主要是多立克式神庙，四周均为多立克柱，仅殿内有4根爱奥尼柱。

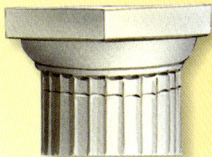

多立克柱

爱奥尼柱

科林斯柱

石雕

彩色石雕讲述着和雅典有关的希腊神话。

苏格拉底

西方哲学之父苏格拉底，是第一个将逻辑和理性思维运用到日常生活中的人。

佩特拉
约旦：石头城

佩特拉坐落于古代数条通商要道的交汇处。此地水源充沛，人们在沙石上雕刻出了这座城市，自此，佩特拉成为纳巴泰人的首都。在近 500 年的时间里，他们控制着一条最重要的贸易通道。

进入这座山城要塞的主要通道在东部。旅行者沿着一条两侧是高大砂岩的峡谷进入该地区，峡谷最窄处仅 3 至 4 米。这条路长约 2 000 米，某些地方砂岩侧壁高达 60 米。这条狭窄小径的尽头是一个平台和佩特拉城。

你知道吗？

佩特拉的某些景点，例如最著名的"宝库"，曾是电影《夺宝奇兵 3：圣战奇兵》的拍摄地。佩特拉还曾在电影《变形金刚 2：卷土重来》中出现。

佩特拉的发掘

一位探险家于 1812 年发现了佩特拉遗址。尽管自此便开始发掘，但考古学家认为现在仅发掘出了佩特拉城的一小部分。

法老的宝库

　　佩特拉最著名的景点大概就是"法老的宝库"了。它是游客走到西克峡谷尽头看到的第一处风景。宝库的外观为希腊式，石柱直接在悬崖石壁上雕刻而成，高约 30 米。尽管名为"法老的宝库"，但其实它和埃及法老没有任何关系，也从未被用做宝库。它实际上是一个未完工的坟墓的正面。

长安
中国：百万人口之城

长安位于中国西北部肥沃的关中平原上。公元 8 世纪至公元 10 世纪的两百多年里，它是世界上最发达的城市之一。人们首先修建了皇宫，然后修建了外城。城市街道像数学方格一样整齐排列开来，商业区和住宅区分开。城内有商店、餐馆以及繁华的商业中心，行商、外国客商、学者和其他游客熙熙攘攘，热闹非凡。

　　长安位于连接亚欧大陆的著名的丝绸之路上，是当时中国的政治、经济和文化中心。当时，长安人大量生产农用工具、丝绸衣物、纸张等商品，这使得他们的皇帝得以控制连接了亚欧大陆的丝绸之路的整个东线。

水上人家
　　有些家庭生活在船屋中。人们通常在婴儿背上绑上竹制浮板，以免他们不慎落水。

不同阶级的服饰

服饰在古代中国是阶级的象征。衣服的质地、颜色和装饰代表了穿着者的社会地位。例如，用上等丝绸制作服装是高级官员的特权。

女性服饰

女性身着长裙和短款上衣，外罩一件短袖外衣。她们还会略施粉黛。

皇帝服饰

黄色被认为是最高等级的颜色。只有皇帝能够穿黄色衣服。

男人服饰

男人通常穿宽松长袍，头戴帽子。宽袖做了加重处理，以保持垂顺，避免左右摇晃。

马车

官员出行乘坐马车。有些人甚至以马车殉葬，希望自己在来世也不用走路。

运河

快速的水路交通使得长安的贸易、税收征管以及食品配给更为便捷。

奇琴伊察

墨西哥：金字塔之城

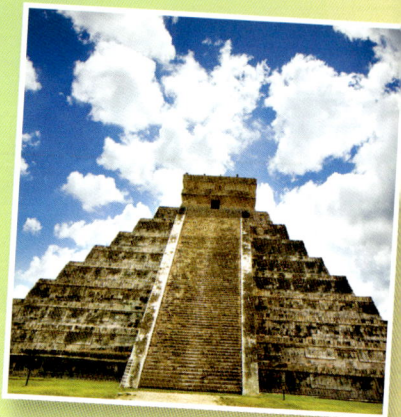

奇琴伊察由古玛雅人修建，靠近今天墨西哥尤卡坦半岛的北端。公元 625 年至 800 年间，此地成为一个重要的宗教中心，随后迅速发展成为首都。在该城约 1000 年的历史中，它一直对北部低地玛雅人的政治和社会生活保持着重大影响。

玛雅人是技艺精湛的农民、商人和建筑师。他们神秘瑰丽的文明建立在等级制度的基础之上。他们使用的文字被认为是美洲土著人最早的书面语言。

奇琴伊察遗址

华丽的金字塔神庙、宫殿和天文台遗址，展现了玛雅人高超的建筑技巧。

人祭

人和黄金珠宝被扔进一口大井里作为祭品。玛雅人相信对神的献祭能保护他们免受干旱和饥荒之苦。

祭坛

在神庙最高处陈列着献给神的祭品。

平台

人们在高处修建平台，希望更加接近天堂里的神灵。

装饰

一排描绘雨神恰克的雕刻面具，分别放置在石阶两侧。

巫师金字塔

这个金字塔位于玛雅遗址的中心，奇琴伊察西边的乌斯马尔城中。这个砂岩建筑有着不同寻常的椭圆形底座、圆形转角和一个陡峭的斜面。它的名称来源于一个传说，据说是由一个巫师一夜之间建成的。

吴哥

柬埔寨：寺庙之城

吴哥位于今天的柬埔寨境内，这里曾是高棉帝国的中心。公元 9 世纪至 15 世纪，高棉帝国盛极一时，在此期间修建的 1 000 多座壮丽非凡的庙宇矗立至今。如今，此地以"寺庙之城"著称于世。

在吴哥的宗教遗址中，最著名的寺庙是位于最南端的吴哥窟。它是世界上最大的宗教遗址。

美轮美奂的工艺

在吴哥的女王宫，可以看到湿婆神（Shiva）以及伽罗（kala）雕像。伽罗在印度教中代表时间。

遗址上的古树

在过去 200 年中，巨大的树和树根在寺庙遗址上生长蔓延。它们将摇摇欲坠的砂岩墙壁连接在一起。

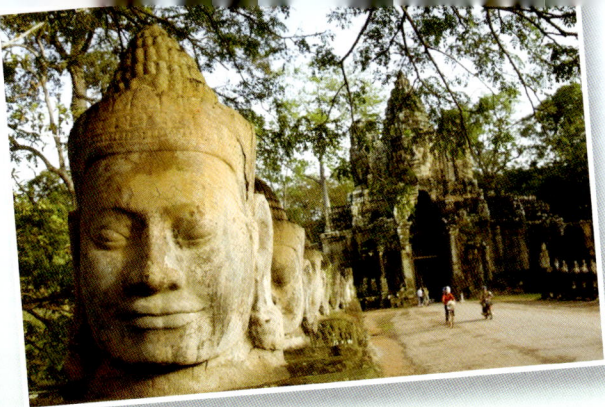

石像通道

　　吴哥窟的北面，通往通王城的堤道两旁竖立着很多石像，其中一边排列着 54 个神的雕像，另一边则是 54 个魔鬼的雕像。

巴戎寺

　　通王城中央坐落着巴戎寺。该寺因其塔楼上突出的石脸佛像而闻名遐迩。

吴哥窟

　　吴哥窟这一规模宏大的寺庙修建于公元 12 世纪。其原建筑安装有吊顶和雕花木门，在当时堪称华丽精美。寺庙由 3 个矩形区域组成。这 3 个区域的高度逐渐递增，直至达到最高处的主塔。环绕着寺庙的护城河宽 190 米。

库斯科

秘鲁：鬼斧神工的石匠

传说库斯特是由印加文明的伟大领袖印加王帕查库蒂所建。该城于公元 1300 年始建于秘鲁的安第斯山脉，1438 年又用石块新建了许多重要的建筑。15 世纪期间，库斯特成为印加帝国的首都。这里是宗教中心和行政机关所在地，几乎没有住宅建筑。城市四条主要街道通往印加帝国的 4 个地区，或者说行政区。这 4 个地区分别由四个统治者管理，每年他们都要到库斯特拜见皇帝。

马丘比丘

尽管确切情况无人知晓，但据说这一城堡是由印加王帕查库蒂所建。该城位于安第斯山之巅，库斯特的西北部。遗址包括沿山坡而建的空中花园。

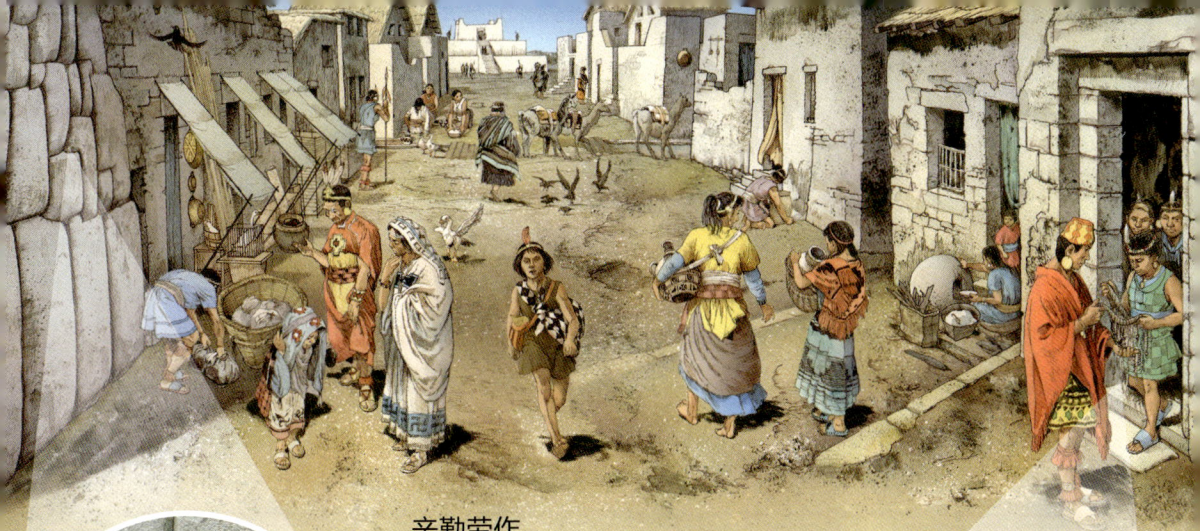

辛勤劳作

每个印加人，包括儿童都非常勤劳地工作。女人和男人的工作任务相当，包括制造陶器、砌墙、纺织、制造挂毯等。

记录

印加人用结绳记事法来记录信息。他们根据绳子上每个结的位置和颜色来识别信息。

石匠

印加的石匠技术在当时处于先进水平。大型石块的切割和设计极为精确，无需砂浆就能将这些石块严丝合缝地衔接在一起。

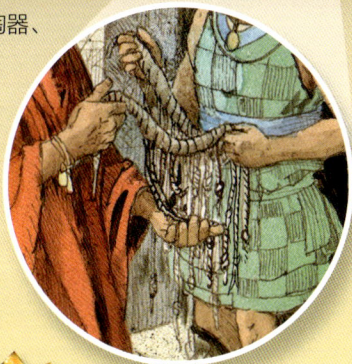

太阳神

印加人崇拜太阳神印缇。这个太阳神面具悬挂在神庙中。人们向其祷告，祈求风调雨顺，五谷丰登。

特奥蒂瓦坎
墨西哥：太阳帝国

特奥蒂瓦坎位于墨西哥山谷，始建于公元前 150 年左右。然而，直至 1 世纪，这里才发展为一个城市。城中心布局巧妙，街道纵横交错，且都汇集到一块大的区域——市场那里。

公元 500 年左右，全市有 20 万人口，包括陶匠、珠宝匠和其他工匠。人们在特奥蒂瓦坎山谷挖渠灌溉，采集石块，种植庄稼，饲养牲畜。

日历石
许多人认为这块石头是一张日历，上面刻有每一天的名称以及宇宙形成时的太阳。

太阳金字塔
该金字塔是城中最大的建筑。

死亡大道
这里曾被认为是众神的坟墓所在地。

住宅区
多数家庭住在围着院子修建的单层平房里。

月亮金字塔
这是城中的第二大建筑。

特奥蒂瓦坎遗址
该城以寺庙、大型住宅区和死亡大道而著称。死亡大道贯穿南北，与另一条东西走向的街道相交。

面具

面具上通常描绘着神的图案，用于祭祀或宗教仪式。

头骨墙

许多美洲土著文明使用头骨架来展示战俘或献祭者的头骨。

盾牌

战士手持的盾牌称为"切玛利"(Chimalli)。有些盾牌如图所示，绘有装饰图案。

盔甲

"伊奇卡威毕利"(Ichcahuipilli)是一种棉质盔甲，可以抵挡剑的袭击。

战棒

"挥奏奎"(Huitzauhqui)是一种两面都有锋利刀刃的木棒。

阿兹特克战士

生活在墨西哥的阿兹特克人，在后来的几个世纪里，受到特奥蒂瓦坎文化的强烈影响。所有阿兹特克年轻人都被训练为战士。抓获战俘多的战士，身着华丽的战袍。他们经常将战俘作为祭品献给神灵。

廷巴克图
马里：商贸与学术之城

游牧民族于 12 世纪在非洲的尼日尔河畔修建了廷巴克图，它逐渐成为撒哈拉沙漠商队最主要的水路商埠（bù）之一。

自 13 世纪早期至 16 世纪，廷巴克图是非洲最富饶的城市之一。城市里的本地商人向外国客商出售黄金、象牙、可乐果和奴隶，以交换盐、布、铜和食品。

由于靠近河流，盐矿的主人们可以将货物运到廷巴克图，然后由商人们通过河流运往其他地方。廷巴克图最早因贸易而闻名，逐渐又因宗教和教育的繁荣为人所熟知。该城毁于摩洛哥和桑海帝国之间的战火，仅有一小部分存留至今。

杰内清真寺

廷巴克图西南方约 350 千米处坐落着杰内清真寺，这是世界上最大的泥砖建筑。它建造于公元 12 世纪至 13 世纪之间，由太阳烤干的泥砖和泥质砂浆建成。建筑表面覆盖了一层石膏泥，显得光滑平整。

> **不可思议！**
> 骆驼一天可以行走 40 千米，中途无需饮水或进食。它们靠储存在驼峰中的脂肪块提供能量。

图阿雷格强盗

　　撒哈拉沙漠是世界上最大的沙漠，商人们骑着骆驼在其中穿越。但是穿越撒哈拉沙漠并非易事，许多商人都被附近的图阿雷格部落人袭击过。这些强盗以头巾蒙面，抢劫商人的财物。

知识拓展

青铜时代 (Bronze age)

指公元前 3300 至公元前 1200 年，人类使用青铜制造金属工具的时期。

堤道 (causeway)

指在湿地或低地上凸起的一条道路或小径。

城堡 (citadel)

指保护一个城市或城镇的堡垒。

商品 (commodities)

可以用于买卖的产品。

混合物 (compound)

由两种或两种以上的物质构成的物质。

干旱 (drought)

指降雨长时间低于平均降水量所造成的水资源短缺的现象。

饥荒 (famine)

严重缺少食物。

峡谷 (gorge)

高山或丘陵之间的狭窄山谷。

灌溉 (irrigated)

供应和输送水以帮助庄稼生长。

遗址 (monument)

具有重要历史意义的建筑物或地点。

砂浆 (mortar)

一种可凝固的黏合剂，用于将建筑砖块黏合在一起。

哲学 (philosophy)

研究现实、存在、知识和思维的学科。

象形文字 (pictographs)

使用图画符号作为文字或词组的文字系统。

献祭 (sacrifice)

将动物或人杀害后呈献给神。